Мрія Аманди
Amanda's Dream

Leabharlann Peambróg
Pembroke Library
01-2228450

Withdrawn from stock
Dublin City Public Libraries

Шеллі Едмонт

Ілюстратор:
Сумана Рой

D1343107

KidKiddos Books

www.kidkiddos.com
Copyright©2013 by S.A. Publishing ©2017 KidKiddos Books Ltd.
support@kidkiddos.com

All rights reserved. No part of this book may be reproduced in any form or by any electronic or mechanical means, including information storage and retrieval systems, without written permission from the publisher, except in the case of a reviewer, who may quote brief passages embodied in critical articles or in a review.
First edition

Translated from English by Yuliia Vereta
З англійської переклала Юлія Верета

Library and Archives Canada Cataloguing in Publication
Amanda's Dream (Ukrainian English Bilingual Edition)/ Shelley Admont
ISBN: 978-1-5259-3960-0 paperback
ISBN: 978-1-5259-3961-7 hardcover
ISBN: 978-1-5259-3959-4 eBook

Please note that the Ukrainian and English versions of the story have been written to be as close as possible. However, in some cases they differ in order to accommodate nuances and fluidity of each language.

Жила-була дівчинка, яку звали Аманда. Аманда не сміялась і не посміхалась. Вона була сумна.
There once was a young girl named Amanda. Amanda didn't laugh or smile. She was unhappy.

У Аманди було багато друзів. У неї була любляча сім'я, і вона жила у великому будинку з усім, чого бажало її серце. Однак вона все ще відчувала, що чогось не вистачає.
Amanda had a lot of friends. She had a loving family and lived in a big house with all the things her heart desired. However, she still felt like something was missing.

Вона не посміхалася, коли чистила зуби, розчісувала волосся або грала з ляльками.
She didn't smile as she brushed her teeth, combed her hair or even played with her dolls.

Щовечора перед сном вона сиділа з батьком і грала в шахи, свою улюблену гру, але це ніяк не піднімало їй настрій.
Every night before bed, she sat with her father and played chess, her favorite game, but it did nothing to cheer her up.

3

Одного разу Аманда сиділа на лавці в парку і читала свою улюблену книгу.
One day, Amanda was sitting on a bench in the park and reading her favorite book.

Раптом поруч з'явилася жінка. На ній була красива рожева сукня, вона мала хвилясте волосся і великі сяючі очі.
Out of nowhere, a woman appeared. She wore a beautiful pink dress, and had wavy, flowing locks of hair and big, glowing blue eyes.

- Привіт, Амандо, - сказала жінка, підходячи до лавки. - Чому ти сумуєш?
"Hello, Amanda," said the woman as she approached the bench. "Why are you sad?"

- Мені не сумно, - відповіла Аманда. - Мені просто не хочеться посміхатися.
"I'm not sad," answered Amanda. "I just don't feel like smiling."

- Ти впевнена? Ти, здається, засмучена, - відповіла незнайомка.
"Are you sure? You seem upset," the strange woman replied.

Аманда вирішила, що їй потрібно з кимось поговорити. Вона розказала жінці, як вона нещасна.
Amanda decided that she had to talk to someone. She told the woman how unhappy she was.

Коли Аманда, затамувавши подих, виплеснула всі свої емоції, вона заплакала.
As Amanda breathlessly spilled out all her emotions, she began to cry.

Раптово Аманда перестала плакати, подивилася на незнайому жінку і запитала: "Хто ви і звідки знаєте моє ім'я?"

Suddenly, Amanda stopped crying, looked at the strange woman and asked, "Who are you and how do you know my name?"

- Я - фея мрій, - відповіла жінка. - Я тут, щоб допомогти тобі.

"I'm a dream fairy," the woman said. "I'm here to help you."

Аманда уважно слухала.
- Тобі просто потрібна мрія - мета, - продовжувала фея.

Amanda listened carefully. "You just need a dream—a goal," the fairy continued.

- Я знаю! Я дійсно її хочу. У всіх моїх друзів є мрія, - схвильовано сказала Аманда , - і знаєте що? Їхні мрії збуваються.

"I know! I really want one. All my friends have a dream," Amanda said with excitement, "and you know what? Their dreams come true."

- Денні мріяв кататися на велосипеді і минулого тижня навчився їздити сам.
"Danny dreamed of riding a bike, and last week he learned to ride all by himself."

- Ліліан мріяла стати балериною, і тепер вона ходить на уроки танців і танцює в різних шоу.
"Lillian dreamed of being a ballet dancer, and now she has dance lessons and dances in different shows."

- Я теж дуже хочу, щоб моя мрія стала реальністю. Я просто не знаю, де взяти мрію.
"I really want to have some kind of dream come true, too. I just don't know how to get one."

- Мрія - це не те, що можна десь узяти, - сказала
фея мрій. - Ти повинна мати її у своєму серці. Не
хвилюйся, це не так складно, як здається. Я можу
тобі допомогти.

"A dream isn't something that can be given to you,"
said the dream fairy. "You need to have one inside your
heart. Don't worry, it isn't as hard as it sounds. I can
help you."

Аманда подивилася на неї і витерла сльози. Тепер вона відчувала себе набагато краще.
Amanda looked up at her and wiped away her tears.
She felt much better now.

- Усе, що тобі потрібно зробити, це піти додому і подумати про те, чого ти хочеш, - продовжувала фея.
- Запиши всі свої улюблені заняття і те, що тобі в них подобається.
"All you have to do is go home and think about what you want," continued the fairy. "Write down all your favorite things to do and what you love about them."

Після цього вона зникла так, ніби її ніколи і не було.
After that, she disappeared as if she had never been there at all.

"Чого ж я хочу? Я знаю, я хочу багато цукерок", - думала Аманда дорогою додому. "Ні, навіщо мені багато цукерок? Я трохи з'їм, а потім більше не захочу."
What do I want? I know, I want a lot of candy, thought Amanda on her way home. No, why do I need a lot of candy? I'll eat a little and then not want any more.

"Я хочу багато різних ляльок", - подумала вона, але потім знову передумала. "Ні, мені не потрібно багато ляльок. У мене і так достатньо."
I want a lot of dolls of all different kinds, she thought, but then changed her mind again. No, I don't need a lot of dolls. I have enough already.

"Так чого ж я хочу?" - Аманда продовжувала напружено думати про те, що могло б бути її мрією. "Може, гарненьку маленьку собачку?"
So what do I want? Amanda continued to think hard about what her dream could be. Maybe a cute little dog?

"Ні, краще було б мати нові олівці або красиві сережки. А може, я хочу стати знаменитою акторкою або принцесою?"
No, it would be better to have new crayons or pretty earrings. Or maybe I want to be a famous actress or a princess?

Вона думала про те, щоб почитати свої улюблені книги і пограти з друзями. Вона думала про музику, танці та живопис.
She thought of reading her favorite books and of playing with her friends. She thought of music, dancing and painting.

Вона думала, думала і думала, але все ще не знала, чого хоче.
She thought and thought and thought, but she still didn't know what she wanted.

Вона продовжувала думати, навіть коли батько повернувся з роботи. Як і кожен вечір, Аманда і її батько грали в шахи.
She carried on thinking even when her father came home from work. Just like every evening, Amanda and her father played chess.

Того вечора їй так сподобалося грати в шахи, що вона зовсім забула про свою розмову з феєю мрій.
She enjoyed playing chess that evening so much that she forgot all about her conversation with the dream fairy.

Тієї ночі, коли Аманда заснула, їй приснився сон.
That night when Amanda went to sleep, she had a dream.

Уві сні вона зайшла крізь двері до великої будівлі. Вона блукала по довгому коридору, слідуючи за звуками захоплених голосів, поки не ввішла до великої кімнати.

In her dream, she walked through the doors of a big building. She wandered down a long corridor, following the sound of excited voices, until she entered a large room.

Це було шахове змагання. Вона озирнулася і почула своє ім'я, вимовлене через гучномовці. Вона збиралася грати наступною!
It was a chess competition. She looked around and heard her name called over the speakers. She was going to play next!

У першому раунді Аманда грала проти дітей свого віку і вигравала кожну партію. Вона була у захваті, сповнена рішучості і напрочуд добре грала в шахи.
In the first round, Amanda played against children of her own age and won every single match. She was excited, determined and surprisingly good at chess.

У наступному раунді вона грала проти старших дітей і знову вигравала кожну партію.
In the next round, she played against older children and won every match again.

Зрештою, вона отримала титул чемпіона з шахів.
At the end of the day, she was titled the Chess Champion.

Аманда прокинулася у нестямі від радості. Сон здавався таким реальним! Вона хотіла бути чемпіоном. Вона взяла ручку, надряпала на клаптику паперу "чемпіон з шахів" і вибігла з кімнати.

Amanda woke up overjoyed. The dream had felt so real! She wanted to be a chess champion. She picked up a pen, scribbled "chess champion" on a piece of paper and ran out of her room.

Вона обійняла батька і закричала: "Я буду чемпіоном із шахів!"
She hugged her father and shouted, "I'm going to be a chess champion!"

Батько Аманди посміхнувся, міцно обійняв її і сказав: "Я вірю в тебе, сонечко."
Amanda's father smiled, gave her a tight hug and said, "I believe in you, dear."

Минуло кілька днів, і в школі мало відбутися шахове змагання. У повітрі панувала велика напруга.

A few days passed and a chess competition was going to be held at school. There was great excitement in the air.

Аманда спочатку нервувала, але була впевнена, що переможе. Зрештою, вона виграла чемпіонат у своєму сні.

Amanda was nervous at first, but she was confident she would win. After all, she had won the championship in her dream.

Однак з самого початку змагання стало очевидно, що Аманда не така сильна в грі, як їй здавалося. Вона програла першу партію.

From the moment the competition began, however, it was obvious that Amanda wasn't as strong of a player as she thought. She lost the very first game.

Вона була ображена і розчарована в собі. Це було зовсім не схоже на змагання в її сні.

She was hurt and disappointed in herself. It wasn't anything like the competition in her dream.

Сумна і збентежена, Аманда повернулася додому.
Вона сіла на ліжко і заплакала.
Sad and discouraged, Amanda arrived home. She sat
on the bed and started to cry.

"Як це могло статися?" - подумала вона. "Я мріяла про це. Я повинна була перемогти!"
How could this happen? she thought. I dreamed about this. I should have won!

- Чому ти плачеш, люба? - сказав знайомий голос. Фея снів сиділа поруч з нею.
"Why are you crying, dear?" said a familiar voice. The dream fairy was sitting next to her.

- Який сенс мати мрію, якщо вона не збувається? - відповіла Аманда.
"What's the point in having a dream if it doesn't come true?" answered Amanda.

Фея мрій обняла Аманду за плечі.
- Щоб твоя мрія збулася, ти повинна практикуватися, - добродушно пояснила вона. - Ти повинна багато працювати і намагатися знову і знову, поки не досягнеш свого.
The dream fairy put her arm around Amanda's shoulder. "In order for your dream to come true, you have to practice," she explained kindly. "You have to work hard and try over and over again until you make it happen."

Аманда уважно вислухала казкову фею і зрозуміла, що та має рацію.
Amanda listened carefully to the dream fairy and knew she was right.

- *Ти дійсно хочеш стати чемпіоном із шахів? - запитала фея.*
"Do you really, really want to be a chess champion?" asked the fairy.

- *Більше всього на світі, - Аманда посміхнулася і перестала плакати.*
"More than anything else in the world." Amanda smiled and stopped crying.

Фея мрій підійшла ближче до Аманди і прошепотіла: "Тоді ти знаєш, що тобі слід робити."
The dream fairy came closer to Amanda and whispered, "Then you know what you should do."

Перш ніж Аманда встигла сказати ще хоч слово, фея зникла.
Before Amanda could say another word, the fairy disappeared.

Аманда на мить задумалася, зістрибнула з ліжка і підбігла до батька.
Amanda thought for a moment, hopped off the bed and ran to her father.

- Тату! - закричала вона. - Я хочу стати чемпіоном з шахів!
"Dad!" she shouted. "I want to be a chess champion!"

- Я знаю, Амандо, ти мені вже говорила. Але як ти збираєшся це зробити? - запитав він.
"I know, Amanda, you've already told me. But how are you going to accomplish it?" he asked.

- Я хочу записатися до шахового клубу і буду тренуватися щодня. Я навіть не хочу дивитися телевізор або грати зі своїми іграшками - я просто хочу зробити це.
"I want to sign up for a chess club, and I'm going to practice every day. I don't even want to watch TV or play with my toys—I just want to do this."

- Ти впевнена? - запитав її батько.
"Are you sure?" her dad asked.

- Так! - відповіла Аманда. - Я зроблю все, щоб стати чемпіоном із шахів.

"Yes!" Amanda answered. "I will do anything to be the chess champion."

- Я пишаюся тобою, люба. Я знаю, що ти досягнеш успіху.

"I'm proud of you, sweetheart, I know you'll succeed."

Батько міцно обійняв її, і обличчя Аманди засяяло від гордості і хвилювання.

Her father hugged her tightly, and Amanda's face shone with pride and excitement.

*Аманда почала готуватися до наступного
змагання. Більшу частину часу вона проводила за
грою в шахи.*
Amanda began to practice for the next competition.
She spent most of her days playing chess.

*Вона займалася в шаховому клубі, займалася вдома
на комп'ютері, а вечорами грала в шахи з батьком.*
She studied at the chess club, practiced on the
computer at home and played chess with her dad in
the evenings.

Вона не заперечувала проти того, щоб не грати зі своїми ляльками або дивитися телевізор, - вона була зосереджена на тому, щоб стати найкращим шахістом, яким вона тільки могла стати.

She didn't mind not playing with her dolls or watching TV—she was focused on becoming the best chess player she could be.

Нарешті, настав день наступного змагання. Аманда схвильовано прийшла на свою першу партію і зустріла того ж хлопчика, якому програла в попередньому змаганні.

Finally, the day of the next competition arrived. Amanda excitedly stood up for her first match and met the same boy she had lost to in the previous competition.

- Ти готова знову програти? - глузливо запитав хлопчик.
"Are you ready to lose again?" the boy asked mockingly.

Аманда тільки посміхнулася. У глибині душі вона була впевнена, що готова.
Amanda just smiled. Deep in her heart, she was confident that she was ready.

Гра відразу розпочалася. Аманда легко виграла і була рада зіграти ще.
The match began right away. Amanda won easily and was excited to play more.

Вона виграла і другу партію, і третю, і четверту, і грала далі. Кожна партія була важчою за попередню, але завдяки своїй наполегливій роботі і рішучості Аманда вигравала кожного разу.
She won the second match, and the third and the fourth, and on it went. Each match was harder than the one before, but thanks to her hard work and determination, Amanda won every time.

Зрештою Аманді було присвоєно звання чемпіона
школи з шахів.
At the end of the day, Amanda was awarded the title
of School Chess Champion.

Вона з гордістю показувала свою медаль і трофей сім'ї та друзям. Вона була дуже щаслива і знала, що може досягти всього, чого захоче.

She showed her medal and trophy proudly to her family and friends. She was so happy, and knew that she could achieve anything she wanted.

Так Аманда знайшла свою мрію і здійснила її.
That was how Amanda found her dream and made it come true.

З того дня Аманда більше ніколи не сумувала. Тепер вона вже знає, якою буде її наступна мрія, і що їй потрібно зробити, щоб її здійснити.
From that day on, Amanda was never sad again. Now she already knows what her next dream will be and what she has to do to make it come true.

А як щодо тебе?
How about you?

Яка у тебе мрія, і що ти зробиш, щоб вона збулася?
What's your dream and what will you do to make it come true?

Leabharlann Peambrog
Pembroke Library
01-2228450

Lightning Source UK Ltd.
Milton Keynes UK
UKHW020722270422
402067UK00006B/58